Andi Weiss

WEIL ICH HIMMEL IN MIR FÜHL

Andi Weiss

HIMMEL
IN MIR FÜHL

PATTLOCH

GERTH MEDIEN

© 2011 Pattloch Verlag GmbH & Co. KG, München
Umschlaggestaltung: ZERO Werbeagentur, München
Umschlagabbildung: FinePic®, München
Satz und Gestaltung: Sandra Hacke
Druck und Bindung: Offizin Andersen Nexö, Leipzig
Printed in Germany

ISBN 978-3-629-02287-5 (Pattloch Verlag)
ISBN 978-3-86591-628-0 (Gerth Medien)

Bitte besuchen Sie uns im Internet:
www.pattloch.de
www.gerth.de

5   4   3   2   1

INHALT

Ein Brief   9

Glauben Sie an sich selbst?   16
Es wird Zeit für dich, zu dir zu stehn   25

Glauben Sie an andere Menschen?   28
Lass uns leben   41

Glauben Sie an Gott?   44
Mein Ziel   61

Quellen   64

BRIEF

Ich liebe Post! Sie auch?

Ich liebe es, mich mit anderen auszutauschen und sich gegenseitig mit Neuigkeiten, mit Geschichten und Erlebnissen zu versorgen. Deshalb bewegen mich auch die vielen Rückmeldungen, die ich auf meine Konzerte, meine Lieder und meine Bücher bekomme. Es macht mich glücklich, wenn meine Geschichten und meine Songs andere Menschen ermutigen, ihre eigene Geschichte zu erzählen. Da schreiben mir völlig unerwartet Menschen aus ihrer ganz persönlichen Lebenssituation und berichten von Krisen und Grenzen, vom Glück einer Geburt und von einer überstandenen Krankheit. Sie bedanken sich für ermutigende Worte und erzählen, warum ein ganz bestimmtes Lied sie in gerade dieser Lebenssituation besonders begleitet. Geteiltes Glück ist eben doppeltes Glück – und geteiltes Leid ist eben nur halbes Leid.

Ich brauche diesen Austausch, ich sehne mich danach, gemeinsam zu fragen und gemeinsam nach Antworten, nach Wegen, nach Sinn und letztendlich nach Leben zu suchen. Ich versuche, so gut es geht, auf jeden Brief, auf jede Mail persönlich zu antworten. Manchmal gelingt mir das, manchmal fehlt mir die Zeit, manchmal schiebe ich schwirige Fragen auf, manchmal stocke ich, während ich antworte, schreibe nicht mehr weiter und fürchte mich vor meinen eigenen Worten.

Nimmt meine Antwort mein Gegenüber in seiner Lebenssituation, in seinem bisherigen Lebensweg ernst? Ist meine Antwort vielleicht zu billig, zu oberflächlich, zu schnell dahingesagt? Treffen meine Worte und Gedanken wirklich auch auf andere Menschenleben zu? Oder packe ich doch nur meine eigenen Erfahrungen, meine eigenen Ideen, meine eigenen Wünsche in meinen kleinen begrenzten Horizont und begründe so meine sich um die eigene Achse drehende kleine Welt?

Ich merke dann oft, dass ich nicht mehr und nicht weniger geben kann als mich selbst. Meine Erfahrungen, mein Glück, meine Zweifel, meinen Glauben – ich kann nur teilen, was mich selbst betrifft, kann nur raten, was ich selbst lebe, und weiß, dass auch geteilter Zweifel Mut machen und Lebenslust wecken kann.

Ja, ich liebe Post! Gute Nachrichten und positive Rückmeldungen auf meine Konzerte ebenso wie fragende und manchmal auch hinterfragende Briefe. Neulich bekam ich folgende Mail von einer Frau:

>»Lieber Herr Weiss,
>
>in letzter Zeit denke ich sehr viel über Ihr Lied ›Mein Ziel‹ nach. Es hat mich sehr berührt und tut es jedes Mal neu, wenn ich es anhöre. Jedoch verstehe ich eines nicht: ›Und ich lauf, so weit ich

kann, seh, so weit ich will, denn der Himmel steht mir offen, weil ich Himmel in mir fühl.‹
Wie ist das gemeint? Was bedeutet es, dass der Himmel mir offen steht, weil ich Himmel in mir fühl? Warum steht der Himmel mir offen, weil ich das fühle? Was bedeutet es, so weit zu sehen, wie man will? Soll man nicht so weit sehen, wie Gott will? Ist es nicht ein wenig egoistisch zu sagen: ›Ich seh, so weit ich will?‹«

»Weil ich Himmel in mir fühl – wie ist das gemeint?« Mir ging diese Frage nach, und ich erinnerte mich an den Anlass für dieses Lied und diese Liedzeile, die ich im Kopf hatte und zu Papier brachte – wie so viele andere Liedzeilen auch.

Ich habe dieses Lied für den ZDF-Fernsehgottesdienst zur Eröffnung der Fußballweltmeisterschaft 2006 geschrieben und freue mich, wie viele Menschen sich diesen Clip schon im Internet angesehen oder das Lied sogar selbst eingesungen und ins Internet gestellt haben. Inzwischen scheint »Mein Ziel« ein Renner auf Hochzeiten geworden zu sein, was die vielen Anfragen beweisen, die ich dazu bekomme.

All diese Reaktionen haben mich nachdenklich gemacht: Welche Botschaft verbirgt sich denn nun hinter dieser Liedzeile, hinter diesem Lied? Vielleicht ist es die Sehnsucht nach dem Himmel im Herzen, die uns Menschen antreibt und die ich versucht habe, in diesem Lied zu beschreiben. Die Mail dieser Frau löst bei mir die Frage aus, ob ich selbst an das glaube, was ich da singe.

Ganz ehrlich, manchmal fehlt mir jedes gute Gefühl – manchmal fehlt mir der Himmel in meinem Herzen. Da schieben sich wintergrieselgraue Wolken vor die wärmende Sonne, nach der ich mich so dringend in meinem Leben sehne. Dann stecke ich fest. Nichts geht mehr. Mir entgleitet der Blick auf mein Ziel, ich stolpere. Hungrig nach Leben suche ich nach einem Halt, der auch dann Halt gibt, wenn ich ihn aus den Augen verliere.

Es gibt einen wunderbaren Satz von Leonardo da Vinci, den ich im Kopf habe, wenn ich an mein Lied denke: »*Binde deinen Karren an einen Stern.*« So möchte ich in diesem Buch nach dem »Stern«, nach meinem und nach Ihrem »Stern«, fragen. Möchte nicht mit meinem Karren stecken bleiben, sondern ihn hoffnungsvoll an einem »Stern« festbinden – wissend, dass dieser »Stern« gefunden, gehalten und immer wieder neu entdeckt werden will.

Wie sieht Ihr »Stern« aus? Was gibt Ihnen Mut? Was treibt Sie an? Was ist Ihre Hoffnung, Ihr Sinn im Leben?

Wie viele scheinbare »Sterne« habe ich bisher in meinem Leben gefunden, habe meinen Karren daran festgebunden und musste schon nach der ersten Panne feststellen, dass nicht alles Gold ist, was mich am Sternenhimmel anfunkelt. Das Leben hat mich gelehrt, nicht allem und nicht jedem meinen Glauben zu schenken, hat mich kritisch gemacht, lässt mich immer wieder sehnsüchtig nach Höherem fragen und auch mutig zweifeln. Es fordert mich heraus, bewahrt mich vor Leichtgläubigkeit – davor, mir es mit einem so großen Thema zu leicht zu machen, mich zu schnell zufriedenzugeben mit oberflächlichen Lebensentwürfen. Ich suche den Himmel ab nach meinem »Stern« und treffe unterwegs immer wieder auf die berühmte Gretchenfrage: *»Sag, wie hältst du es mit der Religion?«* So frage ich mich selbst: »Was glaube ich eigentlich? Was hält mich in meinem Leben?«

Kein Mensch glaubt an gar nichts, kein Mensch setzt nicht sein Vertrauen in irgendetwas, in irgendjemanden. Jeder entwickelt sein eigenes Lebenskonzept aus seiner eigenen Geschichte. Sicher, manche Lebensentwürfe erscheinen mir fremd – genauso mag es anderen gehen, die auf mein Leben schauen. Und immer öfter höre ich Menschen fragen, wofür man heute noch einen Glauben braucht.
Früher war das anders. Da wollten die Menschen

noch errettet werden, hatten Angst vor der Hölle, brachten »Opfergaben« dar, um Gott zu besänftigen oder sich für das Bewahren vor einem schlimmen Schicksal oder die Heilung von einer Krankheit zu bedanken. Heute haben Menschen Versicherungen und Ärzte, die das geradebiegen, was uns das Leben antut. Wofür also braucht es heute noch einen Glauben?

Fragt man andere Menschen, ob sie gläubig sind, erhält man überraschende Antworten, die den Glauben gegen das Wissen ausspielen. Doch glauben heißt nicht, diese und jene Aussage für richtig und wahr zu halten. Sondern glauben heißt: *»Ich vertraue.«* An wen oder was glauben Sie? In wen oder was vertrauen Sie? Wem vertrauen Sie sich an? Ihrem Partner? Dem besten Freund, der besten Freundin? Vielleicht sogar Gott? Eine wichtige Frage ist aber auch: Wie steht es mit Ihrem Glauben an sich selbst?

Glauben Sie an sich selbst?

Wer stellt denn so eine freche Frage? Das schmeckt ja wohl reichlich nach Selbstüberschätzung. Aber ich meine diese Frage durchaus ganz ernst. Haben Sie Vertrauen in sich? Haben Sie Vertrauen in Ihre Gaben und Ihre Fähigkeiten? In Ihre Geschichte? In Ihr Wissen und Ihre gewachsene Lebensweisheit? In Ihre Person?
Ich stoße auf der Suche nach mir selbst immer wieder auf die Fragen: »Wer bin ich eigentlich? Was macht mich aus? Wie nehme ich mich und wie nehmen mich andere wahr?«

Schauen Sie gern in den Spiegel? Vielleicht kurz nach dem Aufstehen? Und wollen Sie einmal lebensnahes Kabarett erleben? Dazu brauchen Sie zwei Dinge: eine Bibel und einen Wecker. Wenn Sie sich heute Abend schlafen legen, dann stellen Sie Ihren Wecker doch einfach mal ein paar Minuten früher als sonst – vielleicht so auf halb drei Uhr – und schlagen Sie in der Bibel Psalm 139 auf. Wenn dann nachts endlich der Wecker klingelt, dann stehen Sie auf, gehen rasch in Ihr Badezimmer und lesen sich laut den aufgeschlagenen Psalm vor. Dort heißt es: *»Ich bin wunderbar* *gemacht. Ich bin wunderbar bereitet.«* Und dann schauen Sie in den Spiegel … Wer da nicht lachen muss! Das ist wahres Kabarett – wenn auch mit sehr schwarzem Humor. Doch im Ernst: Was sehen Sie, wenn Sie in den Spiegel schauen? Gefällt Ihnen Ihr Gesicht? Manchmal gefällt mir das, was ich da im Spiegel sehe, manchmal aber auch nicht. Mein Gesicht verrät mir, ob ich ausgeschlafen oder abgearbeitet, glücklich oder traurig, aufrichtig oder beschämt bin.

»Die Augen sind der Spiegel der Seele«, heißt es. Es gibt Zeiten, da fällt es mir schwer, mir selbst in die Augen zu schauen. Da blicke ich irritiert an mir vorbei. Zögernd vermeide ich diesen Blickkontakt. Ich kann mir nicht unter die Augen treten. Auch andere Menschen erzählen mir von solchen Momenten. Man schämt sich in diesen Zeiten seiner Gefühle.

Ein Arbeitsloser sagte mir neulich: »Das Schmerzhafte an meiner Arbeitslosigkeit ist nicht, dass ich weniger Geld habe als früher. Wirklich schlimm ist es, jeden Morgen aufzuwachen und zu wissen: Du wirst nicht gebraucht! Du hast nichts zu geben! Du bist wertlos für diese Gesellschaft! Irgendwann glaubst du diese Sätze wirklich! Und irgendwann fehlt dir der Grund, morgens aufzustehen – und irgendwann sogar der Grund zum Leben.«

Dieses Bekenntnis hat mich erschreckt. Und doch höre ich so etwas immer wieder in Gesprächen mit anderen Menschen. Ich wünsche diesem Mann einen »Stern«, an dem er seinen Karren festmachen, hoffnungsvoll anbinden kann. Einen »Stern«, wie ich ihn auch für mich herbeisehne.

Aber wo finde ich meinen Stern? Sinn entdecke ich, wenn ich beginne, etwas mit meinen Händen zu formen, etwas zu schaffen. Sinn sehe ich, wenn ich meine Gaben entfalten kann. Wie schön ist es, wenn einem einer bewundernd die Hand auf die Schulter legt und sagt: »Das hast du gut gemacht!«

Ist es nicht eine tiefe menschliche Sehnsucht, die wir seit Kindertagen in unserem Herzen tragen? Der Wunsch, seine Bestimmung, seinen Weg zu entdecken. Wie leicht ist man in der Versuchung, seinem Gegenüber ein seichtes »Du musst nur an dich glauben« hinzuknallen. Da möchte man gern aufzählen, den anderen wachrütteln, beschreiben, was er doch alles auf die Beine stellen könnte. In einem meiner Lieder heißt es:

> Was ist schon Können?
> Das, was man an dir mag.
> Du hörst alles Lob,
> es prallt nur an dir ab.
> Würdest gern, so gerne teilen,
> was andre in dir sehn.
> Es wird Zeit für dich, zu dir zu stehn.

Für mich ist das ein Protestlied, ein Mutmacher, ein Aufrüttler: »Steh zu dir! Steh zu deinen Stärken und steh zu deinen Schwächen! Du kannst was! Du bist wunderbar gemacht!«

Ein Freund eröffnete mir neulich, dass er sich nun in der Politik engagieren möchte. Er hielt mir eine Rede, dass man doch Zeichen setzen müsse. Wie unerfüllt wäre denn ein Leben, das keine Spuren hinterließe. Es brauchte einen Ruck, ein Aufbegehren in unserem … Ja, genau: ein Volksbegehren!, kam es ihm plötzlich in den Sinn. Das möchte er nun im neuen Jahr angehen. »Und um welches Thema soll es bei dem Volksbegehren gehen?«, fragte ich ihn. »Ach, irgendetwas wird sich da schon finden lassen, um denen da oben mal so richtig die Meinung zu geigen.« Ich schaute ihn nur an, und dann lachten wir beide los. Konstantin Wecker singt: »Ich singe, weil ich ein Lied hab.« Haben Sie auch ein Lied? Ein Lebensthema? Eine Melodie? Was liegt Ihnen auf dem Herzen? Was würde in unserem Land geschehen, wenn wir anfangen würden, auf die Melodien unseres Herzens zu hören? Was würde das für Auswirkungen auf unsere Beziehungen, an unserem Arbeitsplatz, in unserer Nachbarschaft haben? Wie würden sich unsere Gespräche, die Inhalte und die Stimmung, verändern? Wenn ich lerne, mutig in den Spiegel zu blicken, wenn ich meine falsche Demut ablege und entdecke, mit welchen Fähigkeiten ich beschenkt bin, dann lerne ich auch, die Dinge anzunehmen, die mir nicht an mir gefallen. Momente, in denen ich unzufrieden, unmotiviert, träge und müde bin. Mein Können kann mir zum »Stern« werden, aber auch meine Biographie. Selbst ungerade Wegstrecken werden mir auf meinem Weg leicht vorkommen, wenn ich beginne, mich mit meinen Gaben und meinen Grenzen lieben zu lernen.

ZU DIR ZU STEHN

Es gibt die Dinge,
zu denen du gern stehst.
Es gibt die Tage,
durch die du gern gehst.
Stille Momente,
die Ahnung voller Glück.
Doch dann gibt es auch die Zeiten,
da gibt es kein Zurück.

Was ist schon Können?
Das, was man an dir mag.
Du hörst alles Lob,
es prallt nur an dir ab.
Würdest gern, so gerne teilen,
was andre in dir sehn.
Es wird Zeit für dich, zu dir zu stehn.

Langsam leben lernen
und nicht untergehn.
Mal ebenbildlich werden
und sich in die Augen sehn.
Niemand kann dich vor dir schützen,
selbst wenn fremde Fahnen wehn
können Spiegelbilder nützen.
Es wird Zeit für dich, zu dir zu stehn.

Im Spiegel siehst du,
was man so sieht.
So, wie du bist,
so bist du geliebt.
Kein Mensch kann wachsen,
wenn er Schlechtes versteckt.
Halt dir die Treue
und halt dich nicht bedeckt.

Schau auf die Siege
und schau auf den Verlust.
Zeig deine Freude
und steh zu deinem Frust.
Sei dir nicht zu gut,
nicht alles muss sich um dich drehn,
doch es wird Zeit für dich, zu dir zu stehn.

Text und Musik: Andi Weiss;
© 2008 Gerth Medien Musikverlag,
Asslar (aus CD »liebenswürdig«)

Glauben Sie an andere Menschen?

Und doch, ich ganz allein – das wäre mir dann doch zu wenig. Vielleicht sogar zu langweilig. Ich stoße »mit mir« an meine Grenzen. Ich brauche andere, brauche ein Gegenüber, brauche Ansprache und den Mut anderer.

Ich frage mich selbst: »Wem vertraue ich mich an? Lasse ich andere Menschen zu meinem ›Stern‹ werden? Traue ich das anderen überhaupt zu?« Es ist Glück, wenn man einen Menschen hat, mit dem man sein Herz teilen kann. Es ist Glück, die Nähe eines Menschen zu spüren. Es ist Glück, Freunde zu haben, Freundschaft unter Beweis stellen zu können und Freundschaft gezeigt zu bekommen. Mir tut es gut, wenn mich andere Menschen – vielleicht manchmal, ohne es zu wissen – an die Hand nehmen.

Manchmal ist das ein Kraftakt. Nicht nur für die anderen. Ich muss mein eigenes Bollwerk abbauen, muss die Schutzschilde einreißen, die ich aus lauter Angst, verletzt oder bloßgestellt zu werden, aufgestellt habe. Das strengt mich an, es kostet Mut und Überwindung. Und doch geht für mich jedes Mal ein »Stern« auf, wenn Menschen bereit sind, füreinander da zu sein. Mich bewegt die Geschichte, die von zwei Männern erzählt, die, beide schwer krank, in einem gemeinsamen Krankenzimmer lagen. Der eine durfte sich jeden Tag in seinem Bett eine Stunde lang aufsetzen, damit die Flüssigkeit aus seiner Lunge abfließen konnte. Sein Bett stand direkt am Fenster. Der andere Mann musste den ganzen Tag flach auf dem Rücken liegen. Die Männer sprachen stundenlang miteinander, ohne Ende. Sie sprachen über ihre Frauen, ihre Familien, ihre Berufe, was sie während ihres Militärdienstes gemacht hatten und wo sie den letzten Urlaub verbracht hatten. Jeden Nachmittag, wenn der Mann in dem Bett am Fenster sich aufsetzen durfte, berichtete und beschrieb er dem Liegenden alles, was er außerhalb des Fensters sehen konnte. Der Mann in dem anderen Bett begann, geradezu sehnsüchtig auf diese eine Stunde zu warten, in der seine Welt erweitert und belebt wurde durch die Welt dort draußen. Vom Fenster aus ließ sich ein Park mit einem reizvollen See überblicken. Enten und Schwäne spielten auf dem Wasser, und Kinder ließen ihre Modellboote segeln. Junge Verliebte spazierten Arm in Arm zwischen den Blumenrabatten umher, und dahinter erhob sich die Silhouette der Stadt. Als der Mann am Fenster all diese Dinge in wunderbaren Einzelheiten schilderte, schloss der Mann auf der anderen Seite des Zimmers seine Augen und stellte sich die malerischen Bilder vor. An einem warmen Nachmittag beschrieb der Mann am Fenster eine Blaskapelle, die gerade vorbeimarschierte. Obwohl der andere Mann ihre Musik nicht hören konnte, konnte er die Männer und Frauen mit ihren blinkenden und blitzenden Instrumenten deutlich vor sich sehen. Tage und Wochen vergingen. Eines Morgens, als gerade eine Krankenschwester kam, um die beiden Männer zu waschen, fand sie den Mann am Fenster leblos in seinem Bett liegend – er war friedlich im Schlaf gestorben. Sie war traurig und holte einen Pfleger, um den Toten aus dem Zimmer zu bringen. Da fragte der andere Mann, ob er jetzt das Bett am Fenster haben könne. Die Schwester erlaubte das gern und schob ihn an den gewünschten Ort. Dann verließ sie das Zimmer. Langsam und mühevoll stützte der Mann sich auf seinen Ellbogen, um einen ersten Blick auf die Welt da draußen zu werfen. Nach einer großen Anstrengung hatte er es geschafft, sich auf die Seite zu drehen und durch das Fenster nach draußen zu blicken. Gegenüber war eine nackte Wand.

Was sagt uns diese Geschichte über das Glück? Ich vermute, wir verwechseln die Suche nach dem Glück mit der Suche nach dem Sinn. Hat ein Mensch seinen Sinn gefunden, dann gehört ihm auch das Glück. Es ist Glück, selbst etwas schaffen zu können. Es ist Glück, mit dem eigenen Schaffen oder dem Schaffen des anderen beglückt zu werden und andere zu beglücken.

Allerdings muss ich gestehen, ich habe manchmal Angst vor den Menschen – Angst auch vor mir selbst. Angst davor, Hoffnung in einem Menschen zu wecken und ihn dann zu enttäuschen.

Ich war auf Konzertreise in der Schweiz, da erreichte mich der Anruf meiner Frau. Ein Mann vom *Spiegel* hätte sich gemeldet und wollte den »bekannten Diakon und Musiker Andi Weiss« sprechen. Er hätte eine sehr interessante Sache für mich und müsste unbedingt mit mir darüber reden. Meine Frau sagte ihm, dass ich erst wieder am Montag erreichbar wäre, und vereinbarte mit ihm für elf Uhr einen Termin am Telefon. Die Fahrt über malte ich mir in den schönsten Farben aus, wie fein sich in meinem Pressebereich auf meiner Homepage das Logo des *Spiegel* machen würde. Ich richtete meine komplette Tagesplanung für den kommenden Montag nach diesem angekündigten Telefonat aus. Endlich war es so weit. Eine Stimme am anderen Ende meldete sich und fragte, ob dort der »bekannte Diakon und Musiker Andi Weiss« sei. Mit stolzgeschwellter Brust antwortete ich mit einem sonoren »Ja, ich habe mich schon sehr auf Ihren Anruf gefreut!«. Die Stimme am anderen Ende nahm das freudig zur Kenntnis und sagte: »Herr Weiss, ich habe etwas ganz Besonderes mit Ihnen vor!« Mein Gesprächspartner wurde mir immer sympathischer. Jetzt wollte ich aber wirklich wissen, was der vermeintliche *Spiegel*-Redakteur Besonderes mit mir vorhatte. »Herr Weiss, ich biete Ihnen Folgendes an: Wenn Sie heute ein *Spiegel*-Abo abschließen, dann bekommen Sie zwölf Ausgaben zum halben Preis!« Meine stolzgeschwellte Brust fiel in sich zusammen. Wie peinlich! Eine Woche später rief derselbe Mann an und machte mir das gleiche Angebot für den *Focus*. Im Gegensatz zu mir erinnerte er sich allerdings nicht mehr an unser Gespräch und an meine Person.

Manchmal bin ich vorsichtig anderen Menschen gegenüber. Ich will mich nicht enttäuschen lassen. Und doch bin ich ein unverbesserlicher Optimist. Ich merke, ich brauche die anderen. Und nicht nur die, die mir wohlgesinnt sind, die Befürworter, die Ermutiger. Ich brauche auch die Kritiker, die Zweifler, die unangenehmen Mitmenschen. Ich sage nicht, ich mag sie – ich sage, ich brauche sie. Ich sage nicht, ich brauche sie immer – aber ich brauche sie immer wieder. Menschen, die bereit sind, mit mir liebevoll zu ringen. Die mich zum Denken, manchmal auch zum Umdenken bewegen. Ich brauche die andere Meinung, die ich mit meinen eigenen Lebenswegen abgleichen kann.

In der Begegnung mit einem Menschen liegen so viele »Sterne«, die meinen Weg ausleuchten und meinen Karren mit Antrieb versorgen können.

Wissen Sie, dass die Nähe eines Menschen gesund, krank, tot und lebendig machen kann? Sicher wissen

Sie das. Und wer sein Leben lebt, der kommt auch um diese herausfordernden Begegnungen nicht herum. Auf meinem Lebensweg sind mir viele Menschen zu Wegbegleitern geworden, die mir nicht auf den ersten Blick angenehm auffielen. Kurt Marti schreibt über diese Erfahrung:

> »Christ bin ich geworden und geblieben durch andere Menschen, in deren Freundschaft mir die Menschenfreundlichkeit Gottes begegnet ist.
> Christ bin ich geworden und geblieben durch andere Menschen, deren entschiedenes Engagement mir die Augen geöffnet hat für das Engagement Jesu.
> Christ bin ich geworden und geblieben durch meine Frau, deren Liebe ich erfahre als Spiegelung des göttlichen Shalom, in dem Eros und Agape zwei Seiten derselben Wirklichkeit sind.
> Christ bin ich geworden und geblieben durch Männer, durch Frauen, die mir Mut zu mir selber machten.
> Christ bin ich geworden und geblieben, weil ich unter Christen die offensten, mutigsten, anregendsten Menschen gefunden habe.
> Christ bin ich geblieben, weil ich in der Kirche die heftigsten Konflikte mit anderen Menschen erlebt habe, was einerseits Beziehungsabbrüche

und Feindschaften, andererseits Freundschaften mit Menschen zur Folge hatte, mit denen ich Pferde stehlen, Kirchenbonzen stürzen und anderen heiligen oder unheiligen Schabernack treiben kann.

Christ bin ich – um in meiner Aufzählung einzuhalten – durch andere, dank anderen. Ich weiß nicht, ob ich als Eremit oder allein auf einer Insel Christ sein könnte. Mein Christsein ist dadurch bestimmt, dass es die Gemeinde Christi gibt, die freilich nicht einfach identisch ist mit kirchlichen Institutionen. Gemeinde Christi, das sind für mich lebendige Menschen und Gruppen im oben erwähnten Sinn. Unter diesen Menschen, in Gruppen engagierter Christen also, erlebe ich, was Solidarität ist, was es bedeutet, bejaht zu werden und andere zu bejahen, für sie einstehen zu dürfen.«

Eine liebevolle Zuwendung verpufft, wenn ich sie nicht an mich heranlasse. Wenn ich sie weg- oder kleinrede. Ich erinnere mich an die Ermahnung einer jungen Frau: »Man bedankt sich für ein Kompliment!« Durch sie durfte ich lernen, Komplimente nicht zu entkräften, sondern die Stärke in ihnen zu entdecken. Menschliche Zuneigung ist für mich wie ein Lagerfeuer im Winter. Mit Rainer Maria Rilke lasse ich mich gerne immer wieder daran erinnern, rechtzeitig

Vorräte zu sammeln. Denn es kommen Tage, an denen mir die Kraft und die Zeit fehlen werden, ein schützendes Haus zu bauen. Es kommt der Moment, in dem ich allein sein werde, es kommen kalte, einsame Tage, an denen ich nicht die Kraft aufbringen werde, mich nicht aufmachen kann. Wer dann kein Haus hat, kann und wird sich keines mehr bauen. Und wer allein ist, wird das auch erst einmal lange bleiben.

Wie überleben Sie die Wintermonate Ihres Lebens?
Mich erinnert diese Frage an die Maus *Frederick*. Ich habe dieses Buch in meinen Kindertagen geliebt. Scherzhaft nannte mich mein Bruder so, wenn ich mich zu Hause vor der Arbeit drückte. Erinnern Sie sich noch an die scheinbar faule Maus, auf die alle anderen Mäuse sauer waren, weil sie im Herbst nicht beim Sammeln der Wintervorräte mithalf? Die anderen karrten Körner, Nüsse, Weizen und Stroh an, plagten sich ab, nur Frederick saß da und half nicht mit. Doch er sammelte auch: Sonnenstrahlen für die kalten, dunklen Wintertage, Farben für den Winter, »denn der Winter ist grau«. Und er sammelte Wörter, denn »es gibt viele lange Wintertage – und dann wissen wir nicht mehr, worüber wir sprechen sollen«. Es dauerte nicht lange, und die Vorräte waren aufgebraucht.

»Frederick!«, riefen die anderen Mäuse. »Was machen deine Vorräte?«

»Macht die Augen zu«, sagte Frederick. »Jetzt schicke ich euch die Sonnenstrahlen. Fühlt ihr schon, wie warm sie sind? Warm, schön und golden?«

Dann erzählte er von roten Mohnblumen, von blauen Kornblumen, vom gelben Kornfeld und von grünen Blättern am Beerenbusch. Die Mäuse konnten die Farben wieder sehen, die sie im grauen Winteralltag schon längst vergessen hatten. Und so brachte Frederick Stück für Stück die guten Erinnerungen des Sommers in die Herzen der Mäuse.

Ich wünsche mir so sehr Menschen, die sich gegenseitig mit dem Geschenk der Zuneigung versorgen. Die dann füreinander träumen, sehnen und glauben, wenn es kalt und grau wird im Leben. Manchmal schmecke ich Leben, wenn ich eintauche in die Schönheit des Lebenssommers. Wenn ich schweige und mich dem Alltag ausliefere, erwarte, was kommt, und mich sehnsüchtig dem Leben hingebe. Manchmal schmecke ich Leben, wenn mir andere Menschen die Türen öffnen – manchmal meine eigene – und ich fast schon vergessen habe, wie warm es »draußen« ist. Dann beleben mich die Geschichten anderer, weil ich im Teilen das Leben koste. Mit allen schönen und herausfordernden Stunden. Geteiltes Leben ist immer ganzes Leben.

LEBEN

Dieser Abend schmeckt nach Sommer
und dieses Lied nach Sinnlichkeit.
Wieder siegt der Duft der Blumen,
und eine Wärme macht sich breit.

Wer jetzt nicht lebt,
wird niemals leben,
denn Leben ist nicht monoton.
Und Leben meint nicht drüber reden –
Leben heißt, es endlich tun.

Lass uns leben – für immer leben.
Zumindest jetzt, für den Moment.
Lass uns lieben – für immer lieben.
Bis uns wirklich nichts mehr trennt.

Der Himmel kennt heut keine Wolken,
und mein Herz kennt keinen Groll.
Es überwiegen satte Farben –
schwerelos und wundervoll.

Wer jetzt nicht tanzt, wird nie mehr tanzen,
denn Tanzen hemmt die Traurigkeit
und überwindet die Distanzen
von hier, ab jetzt, in eine andre Zeit.

Komm, wir sehn die Welt mit andern Augen,
leben ein Stück für den Moment.
Diesen Schatz kann uns keiner rauben,
denn ihn behält das letzte Hemd.

Text und Musik: Andi Weiss;
© 2008 Gerth Medien Musikverlag,
Asslar (aus CD »liebenswürdig«)

Glauben Sie an Gott?

In Ropschitz, der Stadt des Rabbi Naftali, bezahlten die Reichen, die einsam oder am Ende des Ortes wohnten, Leute, die nachts über ihren Besitz wachten. Als Rabbi Naftali eines Abends spät am Rande des Waldes, der die Stadt säumte, spazieren ging, begegnete er einem dieser Wachmänner.
»Für wen bist du unterwegs?«, fragte er ihn.
Der antwortete, fügte aber die Gegenfrage hinzu: »Und für wen seid Ihr hier, Rabbi?«
Das Wort traf Naftali völlig unerwartet. »Noch gehe ich für niemanden«, brachte er mühsam hervor, dann ging er lange schweigend neben dem Wachmann her.
»Willst du mein Diener werden?«, fragte er ihn endlich.
»Gern«, antwortete der Wachmann, »aber was habe ich für Euch zu tun?«
»Du sollst mich erinnern«, sagte Rabbi Naftali.

Auch ich muss erinnert werden. Es tut mir gut, wenn ich mich nicht nur selbst beurteile.
Vorletztes Jahr haben meine Frau und ich uns ein neues Auto zugelegt. Da meine Frau und ich beide keine großen Autokenner sind, dauerte es, bis wir uns ent-

schieden hatten. Daraufhin telefonierte ich von Autohaus zu Autohaus, um ein gutes Angebot zu erfragen. Endlich hatte ich eine Niederlassung gefunden, die nicht nur das gewünschte Auto mit der gewünschten Ausstattung und in der gewünschten Farbe vor Ort hatte, sondern auch noch das bisher beste Angebot auf den Tisch legte. Klasse! Ich bat den Verkäufer am Telefon, mir dieses Angebot doch bitte zu faxen. Er fragte nach meinem Namen, dann stutzte er. »Sind Sie der Andi Weiss, der das Lied *Mein Ziel* geschrieben hat?« Als ich die Frage bejahte, freute er sich. Er hatte gerade geheiratet. Auf der Suche nach Liedern für den Hochzeitsgottesdienst war das Paar im Internet auf *Mein Ziel* gestoßen. Der Autoverkäufer war begeistert – und ich natürlich auch. Keine Frage! Diesem kompetenten Verkäufer schenkten wir dann unser volles Vertrauen.

Mich freut es, wenn meine Lieder gehört werden. Wenn ich gute Rückmeldungen bekomme und so daran erinnert werde, dass der Weg, den ich eingeschlagen habe, ein guter Weg ist. Es tut gut, wenn man in seinem Tun und Schaffen wahrgenommen und gesehen wird. Deshalb brauche ich andere Menschen, die mich erinnern. Wer und was ich bin. Was ich kann und noch vieles andere mehr.

Einmal war ich zu einem Konzert eingeladen. Der Veranstalter moderierte mich mit großen Tönen an. Erzählte, was ich alles so mache, und nannte die Auszeichnungen und Preise, die ich für meine Arbeit bekommen habe. Mit jedem Satz saß ich etwas aufrechter in meinem Stuhl. Nachdem er die Ehrungen aufgezählt hatte, meinte er: »… wobei mir diese Auszeichnungen jetzt alle nichts sagen. Aber vielleicht Ihnen …?!«

Ich musste lachen. Ach, wie schön ist es, für seine Arbeit Anerkennung zu bekommen. Aber ich werde diese Anerkennung nicht mitnehmen können. »Das letzte Hemd hat keine Taschen«, heißt es im Volksmund. Gute Worte und liebevolle Gesten anderer werden mir so heute schon zum leuchtenden »Stern«. Und doch möchte ich mich und mein Herz schützen, meinen Sinn und meinen Wert nicht allein an die Worte anderer binden.

Ich habe es schon am Anfang geschrieben: Manchmal fühle ich überhaupt keinen Himmel in meinem Herzen. Da ist alles um mich herum bewölkt, kein einziger Sonnenstrahl schafft es, sich den Weg zu mir zu bahnen. Ich sehe keinen Sinn, mir fehlt die Kraft. Ich beginne zu zweifeln. An mir, an Gott, an anderen. Ich rede schlecht. Über mich und über andere. Ich bin unzufrieden. Ich schmecke nicht das Leben, sondern laufe Gefahr, bitter zu werden. Ich habe meinen »Stern« aus den Augen verloren. Dann brauche ich Augen, die weiter sehen können, Augen, die mir mein Ziel wieder ins Blickfeld rücken. Ich brauche eine

Stärkung, die nicht von mir kommt. Ich brauche die wärmende Sonne, die meinen müden Knochen guttut. Ich brauche eine Kraftquelle, die nicht aus mir selbst kommt, die mir Stärke, Kreativität und neuen Lebensmut schenkt. Dann, wenn ich mich selbst nicht aufraffen kann.

Damit bin ich bei meiner dritten Frage: Glauben Sie an Gott?
Ach, Sie sind nicht religiös veranlagt? Dietrich Bonhoeffer schreibt: »Es ist jämmerlich, sich zufriedenzugeben mit den Worten ›Ich bin nicht religiös veranlagt‹, wenn es doch einen Gott gibt, der uns haben will.«
Dieser Satz begleitet mich nun schon sehr lange. Ich komme aus einem christlichen Elternhaus, habe aber im Lauf der Jahre feststellen müssen, dass der Glaube nicht vererbt werden kann. Ich ringe mit mir und mit den Glaubensaussagen, die man mir erzählt hat. Manches hält schon seit Kindertagen, manches hat an Kraft verloren. Gleicht man die menschlichen Vorstellungen über Gott mit dem Leben ab, gelingt es nicht immer, den eigenen Zweifel beiseitezuschieben.
»Dann hätte sich dieser Gott aber mal etwas besser anstellen sollen«, sagte neulich ein junger Vater, dessen Sohn schon seit langer Zeit schwer krank ist. »Gerne würde ich dem da oben mal eine Liste schicken, wo er überall versagt hat!«

Ich kann die Enttäuschung dieses Mannes verstehen. Warum ist sein Kind krank und warum sind andere Kinder gesund? Warum verliert der eine seine Arbeit und der andere nicht? Warum ist das Leben oft so ungerecht? Warum greift Gott nicht endlich einmal ein und haut auf den Tisch? Das müsste ihm vielleicht endlich mal einer sagen! Was würden Sie Gott gerne einmal sagen?

Vielleicht geht es Ihnen wie Mircea Pavel, der Gott, wie die Zeitung *Die Welt* berichtete, mit der Begründung verklagt hat, dass er während seiner Taufe einen Vertrag mit dem Beschuldigten eingegangen sei, der ihn vor dem Bösen bewahren sollte? Der Rumäne klagte seinen Schöpfer wegen »Betrugs, Vertrauensbruchs und Korruption« an. Nach Ansicht des Vierzigjährigen, der eine zwanzigjährige Haftstrafe wegen Mordes absitzt, habe Gott den Vertrag nicht eingehalten, obwohl dieser im Gegenzug von ihm »verschiedene Güter und zahlreiche Gebete« bekommen habe. Seine Klage richtete Pavel gegen »den ›Gott‹ Genannten, wohnhaft im Himmel und in Rumänien vertreten durch die orthodoxe Kirche«. Wie die Zeitung *Evenimentul Zilei* berichtete, hat das Gericht in Rumänien nun die Klage abgewiesen. Gott sei »keine juristische Person« und habe »keine Adresse«, so die Begründung der Staatsanwaltschaft.

»Weil ich Himmel in mir fühl« – nein, ich fühle nicht immer Himmel in meinem Herzen. Nein, oft habe ich meinen Karren an die Wand gefahren und wünsche mir einen »Stern«, der mir hilft, ihn aus dem Schmutz herauszuziehen. Ich merke, ich brauche eine Kraft von außen, die mich dabei unterstützt. Ich brauche eine Anbindung, ich brauche Ansprache und Austausch. Ich sehne mich danach, über den Tellerrand zu schauen, um reifen und weitergehen zu können. Ich möchte nicht stehen bleiben. Möchte nicht den steckengebliebenen Karren bedauern, sondern weitermachen. Viktor Frankl wusste: »Wie oft sind es erst die Ruinen, die den Blick freigeben auf den Himmel.« Dieser Gedanke ermutigt mich, lässt mich den Lasten trotzen und schenkt Lust auf das Leben. Im Hier und Jetzt. Und weit über meine menschlichen Grenzen hinaus. Mein Glaube ist ein »Stern«, der über den Tellerrand blicken lässt. Nicht um mich billig mit dem Jenseits zu vertrösten, sondern um meine kleine Welt in guten Händen geborgen zu wissen. Ich brauche »das Geheimnis des Glaubens«, das mich hier in meinem Leben hält. Es ist tatsächlich ein Geheimnis. Ich verstehe nicht alles, ich kann nicht alles glauben, was mir erzählt wird. Aber ich trage dieses Stück Himmel in meinem Herzen, weil ich schon als Kind gehört habe, dass ich durch meinen Glauben nicht allein bin. Da ist ein Gott, der mich begleitet. »Geh mit dem lieben Gott«, hat mein Vater immer gesagt, wenn sich morgens unsere Wege trennten. Er lieferte mich am Kindergarten ab und ging weiter in sein Büro. Glauben heißt eben vertrauen. Es heißt nicht, alles sachlich begründen zu müssen. Glauben heißt, sich aufgehoben und angebunden zu fühlen – an einen »Stern«, der über meine begrenzte Welt hinaus leuchtet. Über meinen Lebensalltag und über meine menschliche Begrenzung hinweg.

Es gibt eine Geschichte über eine alte Frau, die unheilbar krank ist. Sie weiß: Sie wird in wenigen Wochen sterben, und so lädt sie den Pfarrer ein, um die letzten Dinge zu regeln. Sie erzählt ihm aus ihrem Leben – viel muss sie ihm nicht erzählen; die beiden kennen sich schon sehr lange. Die Frau ist ein treues Gemeindemitglied. Sie hat nie viel Geld besessen. Das wenige, das sie hat, will sie der Gemeinde überlassen. Sie diktiert dem Pfarrer die Lieder, die man auf ihrer Beerdigung singen soll. Statt Blumen will sie lieber Spenden für die Gemeinde. Dann sagt sie: »Pfarrer, an den Ort, an den ich gehen werde, kann ich nichts mitnehmen … aber um eines bitte ich dich: Wenn man mich beerdigt, möchte ich in meiner rechten Hand mein Gesangbuch halten. Ich habe es zur Konfirmation geschenkt bekommen. Es hat mir in schweren Zeiten immer wieder Mut gegeben.« Sie beginnt, feierlich aus dem Lied *Ist Gott für mich, so trete* von Paul Gerhardt zu zitieren:

> Die Sonne, die mir lachet,
> ist mein Herr Jesu Christ!
> Und was mich singend machet,
> ist, was im Himmel ist!

Als der Pfarrer gehen will, bemerkt er, dass die Frau noch etwas auf dem Herzen hat. Und tatsächlich: »Ich habe noch eine Bitte!«, sagt die Frau. »Gib mir nicht nur in die rechte Hand mein Gesangbuch, sondern leg mir in die linke Hand auch noch einen Löffel!« Der Pfarrer runzelt die Stirn und will wissen, was es damit auf sich hat. Mit einem Lächeln auf dem müden Gesicht erklärt die Frau ihre Bitte: »Weißt du, Pfarrer, immer wenn ich bei euren Gemeindefeiern eingeladen war, die Hauptspeise vorbei war und die Tische abgeräumt wurden, sagten die Leute zu mir: ›Behalte den Löffel in der Hand, denn das Beste kommt noch!‹ Und dann wusste ich, sie hatten mal wieder einen ganz besonderen Nachtisch gezaubert! Wenn die Leute an meinem offenen Sarg vorbeigehen und dich fragen, warum ich einen Löffel in der Hand halte, dann, Pfarrer, dann sag es ihnen, wie es ist: Das Beste kommt noch!«

Diese Frau hatte ein Ziel – und diesem Ziel ging sie voller Zuversicht entgegen. »Du bist mein Ziel«, diese Zeile singe ich bei Konzerten mit ganzem Herzen. Ich bin nicht zum Sterben bereit, wie die Frau mit dem Löffel, und noch kein Stück lebensmüde – im Gegenteil. Ich bin ein geballtes Bündel voller Lebenslust, aber dieses Ziel, dieser Gott, gibt meinem Leben eine neue Dimension. Martin Luther gibt uns mit auf den Weg, der unser Leben ist:

> Dieses Leben ist nicht ein Frommsein,
> sondern ein Frommwerden;
> nicht ein Gesundsein, sondern ein Gesundwerden;
> überhaupt nicht ein Wesen, sondern ein Werden,
> nicht eine Ruhe, sondern eine Übung.
> Wir sind's noch nicht, wir werden's aber.
> Es ist noch nicht getan und geschehen,
> es ist aber im Schwange;
> es ist nicht das Ende, ist aber der Weg.

Ja, ich bin auf dem Weg. Heute teile ich Gedanken, die mich hier und jetzt bewegen. Mein Weg verläuft nicht gerade – ich erahne ein Ziel, sehen kann ich es aber noch nicht. Ich laufe wie in einem Labyrinth. Manchmal fühle ich mich diesem »Stern«, meinem Lebenssinn, meinem Ziel ganz nahe. Ich fühle Gott. Ich »fühle Himmel in mir«, und doch weiß ich, dass mein Weg mich auch wieder ein Stück von diesem Ziel wegbringen wird, dass ich meine Mitte wieder verlieren, auf andere »Sterne« setzen, enttäuscht stolpern, wieder aufstehen und mich wieder neu aufmachen werde.

Dieser Gott, »der mich haben will«, meine Mitte, ist wie ein Magnet. Ich fühle mich nicht gezwungen und gedrängt, sondern angezogen von diesem großen Liebesmagneten. Das gibt mir Mut. Plötzlich »laufe ich, so weit ich kann, sehe ich, so weit ich will, denn der Himmel steht mir offen, weil ich Himmel in mir fühl«.

Wer seine Mitte kennt, wer ein Zuhause hat, der kann sich aufmachen, ausprobieren, behütete Räume verlassen, ohne Sorge zu haben, dieses Zuhause zu verlieren. »Der Weg ist das Ziel.« Stimmt das? Ich habe diesen Satz schon oft mit anderen Menschen diskutiert. Und ich glaube, er stimmt wirklich – zumindest teilweise. Wenn ich anfange loszugehen, wenn ich »meinen Weg« gefunden habe, dann ist das mein Ziel. Dann habe ich alles erreicht, was ich brauche. Ich kann vielleicht auf diesem Weg stolpern, vielleicht einmal eine falsche Abzweigung nehmen, mich verlaufen, weil die vermeintliche Abkürzung doch ein Holzweg war, kann in einer Sackgasse landen. Aber ich kann umkehren, wieder auf den Hauptweg zurückkehren. Diesen Weg gehe ich, bleibe nicht stehen, setze mich dem Leben aus. Und unterwegs halte ich mir immer mein großes Ziel vor Augen.

Was nehmen Sie sich an Silvester für das kommende Jahr vor? Fassen Sie gute Vorsätze, oder haben Sie das schon längst aufgegeben – mit dem Rauchen aufzuhören, weniger Süßigkeiten oder Alkohol zu sich zu nehmen, mehr Sport zu machen …? Ach, was es da alles für Ideen gibt. Aber warum beginnen wir einen neuen Lebensabschnitt, ein neues Jahr, eine neue Arbeit immer mit großen Vorsätzen? Warum definieren wir unser Leben immer defizitär? Was wäre denn, wenn wir uns am Ende eines Jahres oder an unserem Geburtstag hinsetzen und alle geglückten Dinge, alle schönen Momente, alle wunderbaren Begegnungen aufschreiben würden? Ich glaube, wir würden mit einem großen Akku voller Lebenslust in einen neuen Lebensabschnitt treten. Wir hätten die Kraft und das Wissen, wie schön Leben sein kann – trotz seiner Widrigkeiten.

Ich möchte diese Zeiten des Glücks, die Hoch-Zeiten meines Pilgerweges liebevoll hegen, wie Reiseproviant gut einteilen und auf diese Weise wertschätzen lernen. Ich fühle mich von Gott liebevoll angezogen und entdecke, dass meine Anbindung an ihn auch in der Ferne nicht abreißt. Der Psalmschreiber bekennt im 139. Psalm:

> Von allen Seiten umgibst du mich,
> ich bin ganz in deiner Hand.
> Dass du mich so durch und durch kennst,
> das übersteigt meinen Verstand;
> es ist mir zu hoch, ich kann es nicht fassen.

> Wohin kann ich gehen, um dir zu entrinnen,
> wohin fliehen, damit du mich nicht siehst?
> Steige ich hinauf in den Himmel –
> du bist da.
> Verstecke ich mich in der Totenwelt –
> dort bist du auch.
> Fliege ich dorthin, wo die Sonne aufgeht,
> oder zum Ende des Meeres, wo sie versinkt:
> Auch dort wird deine Hand nach mir greifen,
> auch dort lässt du mich nicht los.

Das habe ich mein Leben lang so erlebt. In der Rückschau entdecke ich, wie ich in schweren Situationen gehalten und an wichtigen Weggabelungen entscheidend gelenkt wurde. Nie wurde mir die Entscheidung abgenommen, keine herausfordernde Situation hat der Drehbuchautor vorzeitig abgebrochen. Wie wichtig war das! Ich brauche mein ganzes Leben, brauche Höhen und Tiefen, Tränen der Freude und des Leids. Das macht mich zu dem Menschen, der ich heute bin.

Søren Kierkegaard hat einmal gesagt: »Verstehen kann man das Leben nur rückwärts – leben muss man es vorwärts.« Ich taste mich langsam zurück auf meinem Lebensweg, werde still und suche bedeutende Marksteine, Punkte, an denen ich »Himmel in mir fühlte«, und Momente, in denen es in meinem Herzen regnete. Glorreiche Stunden und Niederlagen, die teilweise heute noch an mir nagen. Ich nehme mir wieder und wieder meine »Hätte ich doch«-Lebensliste vor und streiche mutwillig in ihr herum. Was hätte ich nur lassen und was tun sollen? Wo habe ich geschwiegen, statt zu reden? Wo habe ich geredet und nicht zugehört? Ich merke, wie diese Gedanken immer wieder neu dunkle Wolken in mir aufziehen lassen und die Sonne verfinstern.

»Mehr als die Vergangenheit interessiert mich Zukunft, denn in ihr gedenke ich zu leben«, bekennt Albert Einstein und lädt mich ein, nach vorn zu blicken. Ich möchte lernen, meine Herzensaugen in die Zukunft zu richten. Möchte nach diesem entscheidenden, wichtigen, aufarbeitenden Blick in die Vergangenheit nun nicht mehr an alten Dingen festhalten, sondern mutig in die Zukunft gehen. Friedrich Schleiermacher lädt uns alle dazu ein:

> Sorge dich nicht um das, was kommen mag,
> weine nicht um das, was vergeht;
> aber sorge, dich nicht selber zu verlieren,
> und weine, wenn du dahintreibst im Strome der Zeit,
> ohne den Himmel in dir zu tragen.

Auf einer Bergwanderung erzählte mir ein Freund von einem besonderen Erlebnis. In einem wissenschaftlichen Buch hatte er nachgelesen, was genau geschehen muss, damit man einen Regenbogen erkennt. Dabei hatte er einen wunderbaren Einfall gehabt: So lässt sich Gott von uns entdecken. Ein anderer Mensch, selbst wenn er nur einen halben Meter neben mir steht, sieht einen ganz anderen Regenbogen. Der Regenbogen steht in der Bibel für Gottes Versprechen, nach der Sintflut die Menschheit nie mehr zu vernichten.

Ein paar Wochen später besuchte ich ihn im Krankenhaus. Als wir beide auf dem Balkon des Krankenzimmers standen, spannte sich ein großer Regenbogen über den Park des Krankenhauses. Da war er, dieser »Stern«, dieser Funken, dieses Stückchen Himmel, das unerklärlich und nicht verfügbar in unserem Herzen Raum fand.

ZIEL

Kann es noch kaum greifen.
Noch ist nicht alles klar.
Ich bin auf einer Reise
und bin noch nicht ganz da.

Ich bin noch nicht – ich werde.
Noch ist hier nichts perfekt.
Ich bin auf der Suche –
du hast mich entdeckt.

Und ich lauf, so weit ich kann,
seh, so weit ich will,
denn der Himmel steht mir offen,
weil ich Himmel in mir fühl.

Du bist mein Ziel – meine Leidenschaft.
Du bist mein Weg – du bist meine Kraft.
Ich suche dich – lauf auf dich zu,
lass alles hinter mir, du bist hier,
du bist mein Ziel.

Ich verstehe deine Wege
mit mir nur im Blick zurück,
aber Leben muss man vorwärtsgehn,
und du gehst leise mit.

Ich steck mir neue Ziele
voller Leidenschaft,
was gestern war – das stört nicht mehr.
Gott, gib mir deine Kraft.

Text und Musik: Andi Weiss;
© 2007 Gerth Medien Musikverlag,
Asslar (aus CD »ungewohnt leise«)

QUELLEN

S. 36 f.: Kurt Marti: *Christ bin ich geworden und geblieben;* © Radius Verlag, Stuttgart 2011

S. 47: Rabbi Naftali: Martin Buber: *Die Erzählungen der Chassidim;* © 1949, Manesse Verlag, Zürich, in der Verlagsgruppe Random House GmbH, München

S. 57: *Psalm 139;* aus: Hoffnung für alle; Copyright © 1983, 1996, 2002 by Biblica Inc.™; verwendet mit freundlicher Genehmigung des Verlags. Alle weiteren Rechte weltweit vorbehalten (Rechte über Brunnen Verlag, Basel)